AF229004

DÉPÔT LÉGAL
Seine
n.° 9189
1852

DISCOURS

PRONONCÉ, DE MÉMOIRE, PAR SON AUTEUR

A L'AGE DE 87 ANS

AU REPAS DE NOCE D'UN DE SES PARENTS

A UN REPAS DE NOCE

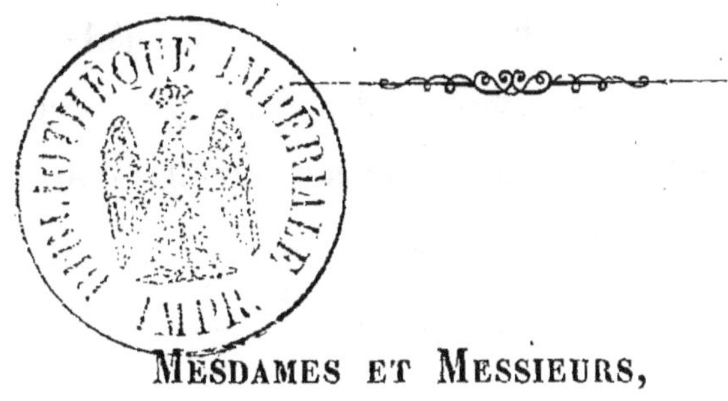

BIBLIOTHÈQUE IMPÉRIALE IMPR.

MÉSDAMES ET MESSIEURS,

Après le premier toast porté à la bonne santé des jeunes mariés, je propose d'en porter un deuxième :

A leur prospérité constante,
A l'inaltérabilité du bonheur de leur union conjugale.

Daigne le Dieu tout puissant, le souverain maître de tout et de tous, répandre sur eux tous les trésors de ses bénédictions, leur accorder de longs jours, et faire naître de cette heureuse union des enfants dont la piété filiale, c'est-à-dire l'ardent amour et le profond respect pour les auteurs de leurs jours, soit, pour ces derniers, la récompense méritée par la pratique de tous les bons sentiments dont eux-mêmes n'ont cessé de faire preuve envers leurs parents.

A la prospérité des jeunes mariés !

1862

Je propose aussi de porter un toast aux rapports de bonne amitié, à la réciprocité des sentiments d'estime et d'affection qui vont s'établir, que dis-je, qui, déjà, sont établis entre tous les membres des deux honorables familles et tous les amis de ces mêmes familles que la solennité de ce jour vient de réunir.

A la bonne santé de toute l'honorable société !

MESDAMES ET MESSIEURS,

Encouragé, enhardi, même par le bienveillant accueil que vous voulez bien faire à mes paroles, et cependant, avec la crainte d'abuser de votre indulgente patience, j'ose vous demander la permission de ne pas laisser échapper l'occasion si favorable qui se présente d'exalter et glorifier de nouveau tous les nobles sentiments dont l'assemblage forme l'indissoluble faisceau des affections de famille.

La faiblesse de mon langage sera, je le sais, d'une importance à peu près nulle en comparaison de la réputation d'éloquence et de génie dont ont joui et dont jouissent encore les adversaires dont je vais essayer de combattre, puissé-je réussir à anéantir à jamais les étranges doctrines. Mais la sainteté de la cause que je vais défendre, l'aspect de tous les honorables personnages qui

siégent en cette enceinte viennent en aide à mon insuf-
fisance, et sont pour moi d'un favorable augure pour
l'heureux résultat de mes faibles efforts.

Mesdames et Messieurs,

Il est donc vrai, il n'est que trop vrai, la France, notre
chère et belle patrie, la France, cette patrie d'adoption
de tous les sentiments nobles et généreux, la France a
donc le malheur de compter au nombre de ses enfants
des hommes qui n'ont pas craint de braver l'opinion et le
blâme général en frondant tout ce qui avait toujours été
jusqu'alors, et ce qui sera toujours, quoi qu'ils aient pu
faire et quoi qu'ils puissent faire encore, ce qui sera toujours, dis-je, réputé, respectable et sacré parmi les hommes Dans leur ardeur immodérée d'acquérir de la célébrité,
ces nouveaux Erostrates n'ont pas hésité à s'attaquer au
sentiment le plus universellement entouré de pieux hom-
mages et de respect, au sentiment des affections de fa-
famille dont ils ont osé nier jusqu'à l'existence elle-
même.

Ils n'ont pas vu, les insensés, ils n'ont pas voulu voir,
ils n'ont pas vu, dis-je, qu'ils offensaient le Créateur
dans son œuvre en voulant renverser le magnifique et
brillant piédestal sur lequel Dieu lui-même avait placé

l'homme au moment de la création, dont ces énergumènes faisaient ainsi descendre le chef-d'œuvre et le roi à la condition la plus basse, à la condition purement instinctive et animale de tous les autres êtres créés.

« Ici Mesdames, je vous dois un mot d'explication.

« En disant que l'homme est le chef-d'œuvre et le roi
« de la création, je n'ai pas eu, certes, l'orgueilleuse et
« sotte prétention de revendiquer pour l'homme seul,
« proprement dit, le bénéfice de ces deux qualifications,
« mais bien en faveur de l'espèce humaine en général ;
« à vous, Mesdames, appartient exclusivement tout l'a-
« vantage de la première, nous plaisant à reconnaître
« que la femme est incontestablement, et sans partage, le
« véritable chef-d'œuvre de la création dont l'homme
« alors, reste le roi, auquel titre, nous nous empressons,
« Mesdames, de vous en proclamer aussi et à bon droit,
« les reines. Heureux moi-même, si j'ai pu réussir à
« mériter votre approbation, pour la part que je vous ai
« faite dans l'œuvre de la création. »

Je reviens maintenant aux téméraires détracteurs des sentiments des affections de famille.

Heureusement, leur langage impie n'a pas eu de retentissement ; heureusement leurs efforts impuissants sont venus se briser et s'anéantir devant la majesté de l'édifice dont ils osaient méditer la ruine.

Je ne discuterai donc aucun point d'une doctrine condamnée, dès son apparition, par le mépris et par la réprobation générale, comme attentatoire aux lois sacrées de la nature et comme subversive de toutes règles de bon ordre social; mais en regard, j'essaierai de retracer le brillant tableau de toutes les émotions si vives, de toutes les jouissances si pures que la doctrine opposée fait éprouver à l'homme, assuré d'avance de trouver un puissant écho dans vos cœurs lorsque devant vous et, sans nul doute, avec vous je proclamerai heureux, mille fois heureux, ceux à qui la Providence a permis d'embrasser encore les auteurs de leurs jours, de les saluer de ces noms si chers, de ces noms si doux à prononcer de père, de mère, source éternelle et sacrée d'amour et de respect, et dont le seul souvenir fait encore éprouver, à tout cœur bien né, tant et de si douces émotions; mille fois heureux aussi le mortel vertueux qui, descendant dans son intérieur, et se plaçant en face de sa conscience, en reçoit le témoignage honorable, le témoignage consolateur de bien des peines, de n'avoir jamais fait verser, aux auteurs de ses jours, d'autres larmes que des larmes de tendresse et d'amour.

Oh ! qu'il est doux d'évoquer de pareils souvenirs ! dans quelle atmosphère d'un bonheur, hélas ! rétrospectif, l'âme se trouve alors transportée ! Oh ! qu'elle est belle et séduisante, qu'elle est féconde en bonnes œuvres, riche en consolations, la pensée qui nous donne l'espoir de nous retrouver plus tard dans le séjour des bienheureux et des justes, réunis à jamais à tous ceux qui nous ont aimés, que nous avons chéris sur cette terre de passage.

Ah ! si la manifestation, si la glorification de ces nobles sentiments, si le concert unanime de tous les siècles et de tous les âges en leur faveur, ne suffisaient pas pour dessiller les yeux de nos adversaires et leur faire abjurer à jamais leur funeste doctrine, je leur demanderais, à ces novateurs insensés, je leur demanderais par quelles émotions plus vives, par quelles émotions plus pures ils pourraient remplacer toutes celles qui viennent inonder le cœur d'une mère lorsqu'elle entend les premiers vagissements de son nouveau-né, lorsqu'elle le presse avec ivresse sur son sein maternel, lorsque, oubliant tout à coup et comme par enchantement toutes les douleurs de l'enfantement, elle dépose avec une ineffable joie sur son front enfantin le premier baiser brûlant d'un nouvel et saint amour, le baiser de l'amour maternel, amour épuré de toutes sensations charnelles et mondaines, amour divin, dont l'origine est dans le sein même d'une mère, le siège exclusivement dans son cœur, et le seul terme possible..... le tombeau. Oh ! saintes joies de l'amour maternel, oh ! doux épanchements des affections de famille ! Par quels délicieux mo-

ments d'un bonheur pur et sans mélange vous embellis-
sez notre existence ; ils ne pouvaient être de bonne foi,
non, ils n'étaient pas de bonne foi, les insensés qui ont
osé vous méconnaître et proclamer votre néant.

Malheur, trois fois malheur et malédiction, sur la tête
de quiconque tenterait encore de marcher sur leurs
traces.

Ah ! j'en ai la ferme conviction, Mesdames et Messieurs,
et à cet égard j'en appelle avec confiance à vous toutes,
mères de famille respectables, j'en appelle avec confiance à vous tous, honorables chefs de famille ici pré-
sents, j'en appelle avec confiance à vous tous enfin, jeunes gens et célibataires de l'un et de l'autre sexe qui m'é-
coutez, oui, j'en ai la ferme conviction ; pénétrés tous des
mêmes sentiments, je suis heureux d'être, en ce moment,
votre fidèle interprète en les proclamant à haute voix.

Oui, c'est en vain qu'un mortel audacieux et téméraire
aura prétendu, c'est en vain que tout autre, présente-
ment et à l'avenir, prétendrait, oserait encore porter une
main impie, une main sacrilége sur cette antique et iné-
branlable base de toute bonne organisation sociale, sur
ce sanctuaire impérissable, consacré par le culte et par
la vénération de tous les siècles, sur cette arche sainte
renfermant le dépôt des sentiments de la nature les plus
en honneur parmi les hommes, le dépôt des affections
de famille, affections saintes, affections les plus chères à

l'homme, les plus profondément enracinées dans son cœur ; dépôt précieux, dépôt sacré, que nous avons reçu intact de nos pères et que, nous aussi, nous transmettrons intact à nos enfants.

Félicitons-nous, Mesdames et Messieurs, des applaudissements que nous venons d'entendre, non pas, sans aucun doute, en faveur de mon faible langage, mais bien en faveur de l'expression des nobles sentiments dont je viens de tracer une légère esquisse.

Ces applaudissements, en effet, ne sont-ils pas l'indice du rang distingué, j'allais dire du premier rang, que notre belle France occupe toujours parmi tous les peuples civilisés, et chacun de nous ne peut-il pas alors, ne doit-il pas même, être fier de porter le beau nom de Français ?

Paris. — Typ. GAITTET, rue Gît-le-Cœur, 7.

Paris. — Typographie Gaittet, rue Gît le-Cœur, 7.

www.ingramcontent.com/pod-product-compliance
Lightning Source LLC
Chambersburg PA
CBHW061158050726
47594CB00008B/3463